Hace pocos días, alguien me hacía algunas preguntas en referencia a lo que se entiende por libertad financiera y en referencia también a cuáles son **las alternativas** que cualquier tipo de persona tiene a su disposición o tiene al alcance de su mano para lograr **la libertad económica.** Esta pregunta se me hizo muy interesante porque me dio a entender que todavía existe muchísimo desconocimiento; primero en términos de qué significa realmente la libertad financiera o la libertad económica y segundo en cuáles son las herramientas y cuáles son las verdaderas posibilidades que cualquier ser humano, independientemente de su ciudad, de su país de origen, independientemente de su color de piel, independientemente de su religión, independientemente del barrio en el cual halla nacido, independientemente de cual sea su nivel de ingresos actual o la actividad económica en este momento. Independientemente de todas estas externalidades... **¿Cuales son las verdaderas posibilidades que tiene cualquier ser humano para llegar a ser libre económicamente?.**

A continuación lo que quiero es ofrecer algunas luces y aclarar un poco el panorama acerca de:

**Primero:** que significa realmente ser libre financieramente.

**Y segundo:** cuáles son **las herramientas**, cuáles son aquellas **variables**, aquellas claves en las que **nos deberíamos enfocar** si realmente queremos llegar a lograr la libertad económica, hay que entenderla como la deberíamos entender. Entonces partiendo del principio. **El principal objetivo** de nuestro trabajo(estoy hablando de cualquier trabajo). El principal objetivo de nuestro trabajo o de nuestra actividad económica o de nuestro negocio debería ser **dos objetivos principales.**

**El primero:** Es aumentar lo máximo posible nuestro nivel de **satisfacción personal**, es decir que nosotros tengamos la oportunidad de sentirnos plenamente realizados con aquello que ahora mismo hacemos y obviamente esto está intimamente correlacionado con que estemos dedicando la mayor parte de nuestro tiempo a ejercer nuestras pasiones o nuestros gustos es decir, que si mi pasión es por ejemplo la pintura, que nos podamos dedicar a la pintura, entonces esto aumentará nuestro nivel de satisfacción personal y nos sentiremos plenamente realizado.

Este nivel de plenitud logicamente nos llevara a niveles infinitos de felicidad, somos felices con lo que hacemos y por lo tanto somos felices con el proceso y con el resultado.

Esto es lo primero, que nuestro trabajo nos permita **lograr eleva nuestros niveles de satisfacción.**

Y ahora va **lo segundo** que siempre deben ir en pareja con el primer punto, no solamente buscar un elevado nivel de satisfaccion si no que tambien deberíamos buscar el equilibrio, **LA INTEGRALIDAD ES EL SEGUNDO FACTOR** es decir que ahora que hacemos lo que queremos y nos sentimos plenamente realizados debemos buscar la manera de que este trabajo realizado aumente nuestra calidad de vida, en terminos muy sencillos... **Significa llegar a tener la vida de nuestros sueños.**

Significa tener el nivel de ingresos que nos **merecemos**, significa vivir en la casa de Nuestros sueños, significa no tener apuros económicos, significa poder ayudar a la gente que queremos cuando ellos lo necesitan, pero no ayudarlos en la forma de... "no, yo estoy contigo para adelante", ¡NO!.

Yo me refiero a ayudarlos de una manera efectiva, si alguien a quien apreciamos tiene un apuro económico, si nuestros padres necesitan comprar una medicina o si nuestros hijos necesitan pagar una labor extraescolar. Que nosotros tengamos las herramientas y las posibilidades para ayudarlos y para poner el hombro, no solamente en la forma de afecto que tambien es importante si no tambien en la manera economica.

**¿Qué hace falta para que te lo puedas hacer?** No te preocupes en esta guía encontraras las herramientas para lograrlo, ya depende de ti si tomar acción o seguir lamentandote por lo que no quisite que pudo cambiar tu vida radicalmente.

Entonces aumentar nuestra calidad de vida y sentirnos plenamente satisfechos. Son dos variables, claro, cuando tú te sientes pleno con lo que haces y adicionalmente, eso que tú estás haciendo te lleva a aumentar tu calidad de vida, en ese punto estarías haciendo parte del **1 %** de la población mundial. Del 1% porque te digo lo siguiente, hay algunas personas que tienen una gran calidad de vida, viven en una mansión, pero son esclavos del dinero no tienen tiempo para sus familias y además probablemente nos están dedicando a algo que aman por lo tanto su nivel de satisfacción personal es muy baja y eso nos lleva a no sentirsen plenamente realizado.

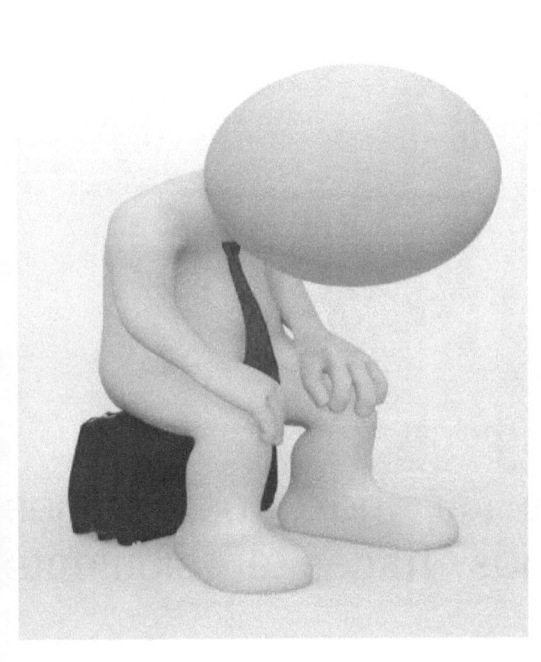

Eso se paga muy caro sobre todo cuando estamos llegando al final de nuestras vidas, hemos visto que hemos vivido la vida de alguien más, pero no la nuestra, pero también vemos la segunda parte es de personas que se dedican a hacer algo que aman pero que son pobres, que se dedican a algo que les gusta, pero no tienen ni en que caerse muerto, creo sinceramente que es necesario buscar un equilibrio y estoy completamente seguro que ese equilibrio se puede encontrar ya que si yo lo hice, tu tambien lo podras hacer.

Sobre todo porque si nosotros somos inteligentes, podríamos hacer el siguiente análisis:
Simplemente hay tres circulos.

Entonces:
1. Lo que el mundo necesita.
2. Por lo que están dispuestos a pagarte.
3. Algo que a ti te apasiona o te gusta.

Si nosotros somos lo suficientemente listos, lo suficientemente estratégicos y somos lo suficientemente inteligentes y pones en practica esta guía llegaríamos a encontrar un punto medio en el cual puedes hacer algo que te apasiona, que tiene demanda y por lo cual el mundo está dispuesto a pagarte.

Cuando nos pagan nosotros tenemos **mas herramientas** para dedicarnos con un mayor nivel de sofisticación a lo que nos apasiona, llegamos a **más personas**, nos **pagan más**

**dinero** y ahora tenemos muchas mas herramientas para aumentar nuevamente nuestro nivel de sofisticación y también de **satisfacción**, de **realización personal** y así podemos llegar a más personas, nos pagan más dinero y este es el círculo virtuoso de la riqueza.

**HERRAMIENTAS = LLEGAR A MAS PERSONAS**
**MAS PERSONAS = MAS DINERO**
**MAS DINERO = MAS HERRAMIENTAS.**
**Y este es el inicio de un ciclo, el ciclo del éxito, ya que si llegas a mas personas seras un referente es decir tus precios subiran y el dinero se multiplicara.**

Creo que todos si somos lo suficientemente creativos inteligentes y listos, todos podemos llegar a este punto.
Entonces esta es la primera parte. La libertad financiera Tiene que ver con que nosotros podamos **aumentar nuestra calidad de vida y al mismo tiempo nuestro nivel de**

**satisfacción personal**, pero en esencia la libertad financiera o la libertad económica tiene dos características la primera de ellas, es que es una combinación de **TIEMPO** y **DINERO**.

¿Qué es lo que hace todo el mundo? la gente lo que hace alrededor del mundo es **vender su tiempo para recibir dinero**, el tiempo es vida, es decir: El tiempo que yo sigo estando aquí escribiendo, revisando, corrigiendo este libro es un tiempo que yo podría estar utilizandolo por ejemplo con mi familia, de vacaciones, haciendo deporte o ejercicio.

Lo que ocurre es que a mí me apasiona lo que hago y estoy completamente seguro que a mí se me nota, se que lo has notado a medida que vas leyendo el libro. Pero el hecho es que yo estoy intercambiando tiempo por dinero, ahora es esta combinación de factores. Si yo gano dinero y lo gano con las herramientas aprendidas o creando un sistema aumentare la cantidad de dinero y asi lo haré de manera inteligente aumentando la cantidad de tiempo.

A mí me pasaba cuando yo trabajaba para terceros y ganaba el salario mínimo, yo iba a el supermercado hacer la compra y lo primero que hacia era mira los precios de todo.

Por ejemplo, yo comparaba una marca con otra y si la marca que a mí me gustaba valía un par de centavos más que la otra marca que no digo que sea mala, pero es una marca blanca, que a mí ni me va ni me viene,

pero solamente por dos centavos diferencia elegía la que no me gusta, por ser la más económica, igual cuando llegaba a un restaurante no elegía lo que me gustaba comer, si no lo más barato el menú y si el menú no tenía los precios le preguntaba al mesero, que si tenia un menú con precios o le preguntaba los precios de todo. Siempre me fijaba en el dinero, cuando me daban el cambio si iba a un restaurante o al supermercado y pagaba en efectivo, siempre contaba las moneditas. Cuando yo no tenía dinero era así. Ahora que el dinero ya no es un problema. Cuando yo voy a un restaurante yo ya no miro el precio, yo elijo lo que quiero; es muy diferente, elijo lo que me gusta, elijo lo que me apetece, elijo lo que me da la gana.

No miro el precio de lo que estoy eligiendo, cuando voy al supermercado puede estar al lado algo mas barato, yo ya no lo miro, ya compro lo que a mí me gusta, no compro lo que a mí me toca comprar, esto nos lleva a que poder solucionar el tema del dinero nos **da la capacidad de elegir.** Cuando no tenemos dinero, no tenemos esa capacidad de elección, sino que simplemente elegimos lo que nos toca o para lo que nos alcanza, lo mismo ocurre, por ejemplo, cuando me entregan el cambio, si pago en efectivo en ese momento yo nunca miro el cambio, nunca me reviso si me han devuelto el dinero que es, nunca cuento, yo nunca cuento monedas. Ya no cuento monedas, si cuento billetes, pero no cuento monedas. Pero cuando yo tenia una mente muy limitada y ganaba el salario mínimo sí que hacía todas estas cosas que no digo que sea malo. Sino que siento que enfocarnos en esas cosas es como si estuvira llamando las limitaciones, como si yo fuera el que construye las barreras que no me dejan avanzar.

Cuando tú no tienes dinero todo el tiempo piensas en dinero, pero cuando resuelves el tema económico ya no piensas en el dinero, todo lo contrario a lo que la mayoría de la gente cree, que la gente rica piensa solo en el dinero. Las personas solamente piensa en comida cuando tiene hambre, uno solamente piensa en comer cuando tiene hambre iguales cuando tienes dinero cuando tienes dinero ya no te preocupas, una vez el tema del dinero lo solucionas. Ahora lo que tienes es más tiempo.

¿Para que tiempo? para dedicarte a lo que te gusta, tiempo para dedicarte a lo que te apasiona, tiempo para desarrollar tus

talentos, tiempo para aprender más, tiempo para viajar, tiempo para pensar, tiempo para ser TU, tiempo para estar con tu familia.

Es decir cuando resuelves el tema económico. Tienes más tiempo para vivir tu vida, pero hay que mirar a continuación un par de detalles, ya sabemos que **el dinero**

**en esencia compra tiempo** sin embargo, si yo me limitará a dejarlo tal cual. Estaríamos dejando de lado que personalmente conozco a muchos ejecutivos, directores de compañías, vicepresidentes, directores bancarios, un montón de personas que están supuestamente en la cima de su profesión, pero que trabajan 10, 12, 15, 18 horas al día y que aunque ganar muchísimo dinero, tienen una buena posición social, tienen muchísimo estatus; son personas que no ven a sus hijos, son personas que no tienen tiempo para estar con su pareja, son personas que nunca tienen tiempo nisiquiera para llamar a sus padres, son personas que no tienen tiempo, entonces aquí hay una dicotomia, ¿cómo puede ser que alguien gane mucho dinero, pero que no tenga tiempo? si tú me acabas de decir que el dinero compra tiempo y eso nos lleva entonces a la siguiente dos preguntas que son valiosisimas y que todos debemos hacer y responder para tener una radiografía correcta acerca de donde estamos ahora,

¿cuál es el suelo que estamos pisando? yo conozco el punto de partida y el proceso ya que camine este sendero, me equivoque demasiado pero a la vez aprendi, puse en practica lo aprendido y esto me llevo a generar una radiografía completa. Por esto tu debes sacar tu radiagrafia de donde estas y con tus acciones presentes determinar donde va a ir tu futuro y teniendo el diagnóstico seguramente será más fácil encontrar la medicina si es que sientes que estas enfermo/a y esto se determina de una forma sencilla, simplemente pensando... ¿Mi vida es satisfactoria en términos **económicos** y en terminos de **calidad de vida**?. Son las dos preguntas.

**la primera de ellas va enfocada en cuánto dinero ganó.**

Si alguien se gana el salario mínimo, pues ya sabes que la cosa no pinta bien.

Si alguien se gana un poquito más del salario mínimo y le cuesta llegar a final de mes, sabes que la cosa no pinta bien, pero aqui hay otra cuestión hace poco alguien me realiza este cuestionamiento, me realiza esta pregunta. ¿Yo me gano 100.000$ al año estoy bien?, entonces yo le respondía. Mira, eso es relativo. Tú serías capaz de ganar 500.000 entonces el me dijo -sí. Entonces la cosa no pinta bien, porque tu potencial es 500.000 y tú te estás ganando 100.000 entonces. En cierto sentido tú eres un fracasado porque no estás utilizando tu potencial al máximo, no estás utilizando tus habilidades, tus talentos, tus conocimientos y tu experiencia a máxima capacidad y así estes ganando 100.000 que es buen dinero eres un fracasado. Entonces cuánto dinero te ganas pero además hacernos el cuestionamiento de si esa cantidad está cerca de tu potencial y ahora puedo decir yo gano buen dinero, lo que yo tengo no se paga solo, ni yo lo puedo pagar con un dios se lo pague.

Yo ahora puedo decir que las cosas van muy bien que se gana dinero, que podemos disfrutar de sitios que son agradables, que ahora que tengo la posibilidad de tener una plataforma puedo explotar mucho mejor mi potencial, pero yo todavía no puedo decir que esté a máxima capacidad. Creo que estoy muy lejos de mi potencial, muy lejos, claro, yo digo que estoy lejos de mi potencial porque hace sentirme incómodo y hace que quiera seguirme moviendo hacia arriba y eso es lo que quiere decir **constantemente está abierto al aprendizaje, al entrenamiento, estudio y al trabajo duro**; trabajo duro, pero **trabajo inteligente** entonces, ¿cuánto dinero te ganas? pero podemos hacer la siguiente pregunta **¿como te lo ganas?**. por ejemplo anteriormente yo les estaba diciendo que él solo hecho de estar aquí escribiendo para ti. Yo estoy gastando mi un tiempo que podría estar pasando con mi familia.

Ahora este libro puede llegar a 1.000 personas, 2.000 personas, 10.000 personas, 1.000.000 de personas, pero claro, si este libro llegara a tener un millón de compras, yo no voy a estar escribiendo un millón de veces, yo lo hago una vez y a partir de allí puede tener mayor o menor visualizacion pero la manera que lo estoy haciendo es hacerlo una vez de manera inteligente.

Todo lo que nosotros hagamos debe ser para construir un sistema que a partir de allí tenga

 vida propia es decir: es como si yo tirar un globo al aire pero yo no se donde valla a parar puede llegar a un millon de personas pero yo no sé si ir a parar un millón de personas, a dos millones de personas, a tres millones de personas 4.000.000 de personas, incluso si llega a 100 personas yo no lo voy a estar escribiendo este libro 100 veces. Pero una vez escrito el libro me tendria que enfocar en la viralización y ahi es donde entra las **HERRAMIENTAS** que tenemos a nuestra disposición. Y ya no me tendria que enfocar en escribir el contenido un millon de veces, si no llegar a la mayor cantidad de personas que quieran cambiar su vida con esta guía.

Si me entiendes el concepto, es el concepto de **la duplicación**, es el concepto de ponerte en

piloto automático, es el concepto de estar creando varios sistemas. Entonces si yo fuera un profesor universitario yo tendria que estar dando este conocimiento periodicamente por los proximos 80 años. **¿Como te ganas el dinero?**, cuerpo a cuerpo o estás en piloto automático, te lo ganas esforzándote todos los días, haciendo lo mismo o te lo ganas esforzándote para que tu sistema cada día sea más grande y mucho más productivo, te lo ganas a lo bestia, o te lo ganas de manera inteligente. Porque entre otras cosas este como te lo ganas. **Es mucho más importante que cuánto gana.**

Es decir si yo me lo ganó en piloto automático 1.000 dolares mensuales sin requerir de mi presencia fisica, son ingresos pasivos ganado en piloto automático, prefiero

$1.000 en ingresos pasivos que $5.000 en ingresos activos, pero podrias decír cómo vas a preferir 1.000 que 5.000 es muy sencillo, los 5.000 requieren de mi presencia esos 1.000, no! Por lo tanto el tiempo que voy a tener libre, lo puedo dedicar a la construcción de otro activo que me genera otros 1.000 y es de otro que me de 1.000 y después de otro y después de ese, otro y después otro o simplemente buscar la manera de pasar a ganar 1.000 por ese sistema a 2.000 y luego a 5.000 pera asi volverte ricocon diferentes sistemas y fuentes de ingreso, mira para lograr ser libre financieramente se necesitas tener tiempo, **tiempo para volverte rico.**

Lo que ocurre con las personas que trabajan todo el día es que no tienen tiempo para volverse ricas y tampoco saben como hacerlo, pero cuando uno empieza a generar ingresos pasivos, sí que tiene tiempo para generar mas ingresos y por eso es tan importante como te ganas el dinero todos los días tienes que hacer presencia, todos los días tienes que estar, todos los días tienes que hacer lo mismo, tu trabajo es mecánico, no empleas el apalancamiento, no empleas el Internet, no te duplicas, no te pones en piloto automático, no estás utilizando las herramientas tecnológicas. Estás trabajando duro por dinero o el dinero está trabajando duro para ti, **¿cómo te ganas el dinero?** Esta pregunta es importantísima porque si yo digo que me gano el dinero en piloto automático. Está será la forma de comprar tiempo. Es decir no depende del dinero tener más tiempo dependerá de cómo me gano el dinero, ahora yo sé que me estoy extendiendo un poco, pero míra, el concepto de libertad financiera parte del hecho de que nosotros en esencia, lo que queremos es tomar el control de nuestra vida, cuando yo recuerdo cuando trabajaba para alguien más. Yo tenía que pedir permiso para ir de vacaciones, Yo tenía que pedir permiso para ir al médico, Yo tenía que pedir permiso para acompañar a mi madre al médico, Yo tenía que pedir permiso todo el tiempo, todo el tiempo a pesar de que como corredor de bolsa tenía un trabajo Ejecutivo pero dependía de alguien más. Le tenía que pedir permiso y esa persona me decía porque se le dio la gana no te puedes ir de vacaciones. Entonces no salimos de vacaciones o no vamos a donde queremos ir, no hacemos lo que queremos hacer.

El concepto de libertad financiera nos lleva al

tema de que en esencia queremos **controlar nuestra vida**, pero también la única forma de controlar nuestra vida es controlando nuestras finanzas y la única forma de controlar nuestras finanzas es controlando nuestro propio negocio. Entonces, yo no puedo controlar mi vida siendo empleado

**¡NO!**. Porque quién toma las decisiones acerca de tu vida es tu jefe, tu jefe decide cuanto te ganas, tu jefe controla si puedes ir a acompañar a tus hijos a algo del colegio, tu jefe toma la decision de si puedes ir al baño, si es que trabaja en una fábrica, cuando yo trabajaba en una fábrica y en un contact center yo tenía que pedir permiso para ir al baño porque estas en una línea de producción o en medio de una llamada y eso tiene lógica si se para un proceso se para toda la planta de produccion y si paras una llamada se cae la negociación.

Si estamos hablando de una urgencia o de una calamidad doméstica o de lo que fuera quién controla tu vida es tu jefe, por lo tanto, tú no puedes decir que como empleado controlas tu vida, ni siquiera si estás ocupando cargos directivos porque dependes de tu Junta Directiva, ahora tenemos que entender estos conceptos, esta es la direccion hacia donde nosotros nos tenemos que dirigir para controlar, nuestras vidas, tengo que controlar mis finanzas y para controlar mis finanzas tengo que controlar mi negocio.

¿Porque hablo de negocio? porque el dueño del negocio controlar el flujo de efectivo, cuánto se gana, como se lo gana y a partir de este control del flujo es capaz de controlar sus finanzas y a partir de allí capaz de tomar decisiones en cualquier dirección. Es decir capaz de controlar nuestras vida, por lo tanto y aqui vamos a ampliar un poco más el concepto de libertad, la libertad financiera depende de tu inteligencia financiera,

observa que las oportunidades solamente las pueden ver o solamente las pueden identificar las personas que tiene visión panorámica, alguien que tienes la oportunidad de ver algo donde los demás no son capaces de ver nada.

Por ejemplo y esta es la analogia que yo siempre utilizo para entender el concepto de inteligencia financiera, si yo voy al cine a ver una película en tercera dimensión yo me tengo que poner las gafas para ver la película si yo no me pongo las gafas especiales esa película yo no la podré ver de manera correcta. Yo no podré ver los detalles, no podré ver los efectos especiales, no la podré disfrutar, me tengo que poner las gafas. Esa película en tercera dimensión es la vida misma son los negocios son las inversiones, es tu profesión. Porque las personas no despegan económicamente? porque no se ha puesto las gafas, porque piensan que con el conocimiento que han adquirido en el colegio o en la universidad ellos pueden vivir la vida que se merece y que la vida de sus sueños pero resulta que no porque en el colegio en la universidad solamente nos enseñan a trabajar, no nos enseñan a construir negocios a emprender, a invertir, a mi nunca me hablaron de eso, Siempre me dijeron cuando trabajas en una empresa las cosas son así, cuando trabajes, cuando trabajes, cuando... Nunca me dijeron esta es la clase emprendimiento, esta es la clase mentalidad empresarial, esta es esa clase de Inteligencia Financiera, esta es la clase administración del dinero, esta es la clase de Educación Emocional esta es la clase para aprender a conseguir amigos, esta es la clase para aprender el liderazgo, esta es la clase para aprender a hablar en público, esta es la clase para aprender a vender tus proyectos, entonces ese tipo de visión sirve para identificar las oportunidades en aquellos campos que me pueden generar libertad financiera. Que quiere decir esto, que para yo aprender a identificar este tipo de oportunidades, me tengo que poner las gafas y las gafas es la educación financiera, la educacion financiera es un producto de la Inteligencia Financiera y nuestro nivel de inteligencia financiera es un producto de la educación financiera, es decir lograr esto parte de aquí. llegar hasta el punto intermedio parte de aquí parte de la finanzas. Cuáles son los conceptos clave en términos de educación financiera? en que me tengo yo que enfocar para llegar a lograr el objetivo, yo puedo tener el objetivo pero debo tener muy claro en mi mente, cuáles son los orígenes de ese objetivo que yo estoy persiguiendo, entonces voy a enumerar algunos aunque me quedan otros por fuera, dentro del concepto de educación financiera nosotros nos tenemos que convertirnos en expertos en manejar estos efectos para nuestra propia vida lo primero de ellos es el manejo del dinero dentro de los cuales se incluye el concepto del **ahorro**, incluye el concepto de la **deuda buena** y **deuda mala**, se incluye el concepto de **invertir**, podemos estar hablando de inversión en bolsa, de inversiones inmobiliarias, Invertir en negocios que no cotizan en bolsa, pero que si puede ser que el negocio es bueno para nosotros y se compone también del concepto de hacer negocio, tengo que dominar estos 4 temas y el dominio de estos 4 temas me llevará al nivel de complejidad mental qué necesito para comprender el mundo que nos rodea. Entonces para la correcta administración del dinero me llevara primero al dominio y control de estos 4 temas.

1. Ahorro
2. Deuda buena
3. Deuda mala
4. Inversión

y esto me llevará al dominio y control de estas dos variables las cuales son variables más sofisticadas pero ademas del **manejo del dinero** (1), tengo que dejar como una vertiente importante que es la de los negocios, porque claro, para hacer negocios necesito **mentalidad empresarial** (2) y para hacer negocios, necesito desarrollar habilidades para los negocios, mentalidad y habilidad.

Cuando hablamos de **mentalidad estamos hablando del piloto** y cuando estamos hablando de **las habilidades estamos hablando del vehículo económico** que utilizaremos para lograr nuestros objetivos, pero para llegar a la libertad financiera el **vehículo requiere un piloto adecuado**, es decir yo puedo llevar toda la vida caminando hacia mis metas descalzo, voy caminando, pero es que además voy descanso como si fuera un niño de africa, ese niño de africa puede decir: Yo voy a ir desde Nairobi hasta Berlín caminando y descalzo se puede hacer. Yo creo que se puede hacer, pero cuando se va a demorar: como tres generaciones hasta Berlín, pero claro, se puede demorar una vida completa o tres vidas o cuatro vidas sin hacerlo, pero con educacion financiera yo podría identificar el vehículo económico correcto para mí y que me va a llevar a 300 kilómetros por hora, por ejemplo, entonces ya no voy desde Nairobi hasta Berlín descalzo y caminando si no que ahora voy en auto y si aumento mi nivel de sofisticación, ahora me voy en avión, barco o una combinación de auto, avión y barco pero llegare en 1 día, 2 días o 3 dias, cuál es la diferencia entre llegar a un sitio tardandome toda la vida en llegar a mis objetivos a llegar en 3 años.

Y asi vamos a tener el logro mucho antes y mucho antes poder disfrutar, pero claro, yo no puedo pasar de ir por la vida caminando descalzo a ir a 300 km por hora de golpe si en mi cabeza yo no he desarrollado la mentalidad para conducir ese auto.

Si yo toda la vida he ido por la vida caminando y descalzo o en bicicleta y me subo a un auto deportivo seguro que en la primera curva me mato, porque no sé dominar la curva a esa velocidad, no sé si se me entiende el concepto, no solamente es importante encontrar el vehículo, requerimos que nosotros como piloto seamos los adecuados para conducir el vehículo, pero es que además el mundo está lleno de piloto que han encontrado su propio vehículo. Que quiere decir esto, cuando hablamos del piloto estamos haciendo referencia a nosotros mismos ya depende de nostros liderar nuestra vida.

Cuando estamos hablando del vehículo estamos haciendo referencia a esto que comentamos aquí al principio y es aquello que **nos apasiona,** que **el mundo necesita** y por lo cual están **dispuestos a pagarnos.**

Este será nuestro vehículo económico que nos llevará a 300 km por hora o que nos llevará a 1.000 km por hora hacia nuestros objetivos, pero la verdad es que en el mundo existen muchas personas pobres porque tienen el liderazgo pero no tienen el vehículo económico o tienen el vehículo económico en sus narices, pero no lo han visto porque carecen de liderazgo, vision empresarial e inteligencia financiera. Entonces estos conceptos son para ir aterrizando.

- Donde nos encontramos
- Cuales son nuestros puntos ciegos
- Dónde nos estamos equivocando
- De que nos estaremos perdiendo

recuerda lo siguiente las personas se quedan pobres porque...

yo los asimilaria a un barco que no ha desplegado sus velas.
Qué es lo que ocurre cuando barco que no despliega sus velas?

Que ese barco termina por estrellarse contra la roca o cae a un acantilado.
Tenemos que desplegar las velas, es decir, **tenemos que desplegar nuestro cerebro en términos de inteligencia financiera.**

Dr. Dario Arias Loaiza

www.ingramcontent.com/pod-product-compliance
Lightning Source LLC
Chambersburg PA
CBHW031557210526
45464CB00003B/1323